Rudi Martin

Kants philosophische Anschauungen in den Jahren 1762-1766

Rudi Martin

Kants philosophische Anschauungen in den Jahren 1762-1766

ISBN/EAN: 9783743422124

Hergestellt in Europa, USA, Kanada, Australien, Japan

Cover: Foto ©Thomas Meinert / pixelio.de

Manufactured and distributed by brebook publishing software (www.brebook.com)

Rudi Martin

Kants philosophische Anschauungen in den Jahren 1762-1766

KANTS
PHILOSOPHISCHE ANSCHAUUNGEN
IN DEN
JAHREN 1762—1766.

INAUGURAL-DISSERTATION
ZUR ERLANGUNG DER
PHILOSOPHISCHEN DOCTORWÜRDE
DER
HOHEN PHILOSOPHISCHEN FAKULTÄT
DER
UNIVERSITÄT FREIBURG I. BR.

VORGELEGT VON

RUDI MARTIN
AUS ZÜRICH.

FREIBURG i. B.
UNIVERSITÄTS-BUCHDRUCKEREI VON CHR. LEHMANN.
1887

Meinem verehrten Lehrer

Herrn Hofrat Prof. Dr. A. Riehl

möchte ich an dieser Stelle für seine Einführung in die philosophischen Studien und die vielseitige Anregung, die mir zuteil wurde, den aufrichtigsten Dank aussprechen.

Ein Philosoph wird wie jedes andere Objekt der Geschichte historisch nicht charakterisiert durch die reifste Ausbildung, die er seinen Gedanken hat geben können, sondern durch die Entwicklungsgeschichte, die ihn zu derselben geführt hat!

B. Erdmann, Prolegomena pag. IV.

Kuno Fischer hat unstreitig das Verdienst in den letzten Dezennien der historisch-kritischen Forschung auf dem Gebiete der neuern Philosophie Bahn gebrochen und durch sein grosses Geschichtswerk allseitig anregend gewirkt zu haben. Seitdem sind jedoch durch zahlreiche neuere und speziellere Untersuchungen die Resultate, zu denen er gelangt war, in wesentlichen Punkten modifiziert worden, und vor Allem fand die Periode des Kriticismus durch Riehl, Cohen, B. Erdmann und Andere eine richtigere Auffassung und Darstellung. Die gesammte Kant-Auslegung hat hierdurch einen spezifisch neuen Charakter angenommen, der sich scharf abgrenzt gegen die Kritik eines Schopenhauer, Herbart und Neuerer, indem sie lediglich ein Verständnis des Autors selbst anbahnte und sich freihielt von jeglichen Schulinteressen.

Je mehr aber das spezifisch „kritische" Element — als das wertvollste und folgenreichste — Gegenstand des wissenschaftlichen Interesses wurde, nachdem man es fast ein Jahrhundert lang für überwunden erachtet hatte, um so mehr traten die Präcedenzien jenes geistigen Umschwungs, die den modernen Anschauungen ferner standen, in den Hintergrund. Erst seit Kurzem hat man auch die sogenannte „vorkritische" Periode in den Kreis der Untersuchungen gezogen und sie als eine reiche Quelle für das Verständnis der Kant'schen Erkenntnistheorie in ihrer Entwicklung und Ausbildung schätzen gelernt. Noch ist man zu keiner durchgreifenden, allgemeinen Anschauung in betreff der vorkritischen Schriften und ihrer Werthschätzung gelangt, und die verschiedensten Ansichten und Meinungen liegen auf dem Streittisch der Diskussion. Je grösser die Beteiligung an diesem Kampfe ist, um so näher rückt die Entscheidung der Frage, und so möge die folgende kleine Abhandlung, die nur die Schriftengruppe von 1762—1766 als ein Ganzes und Einheitliches umfasst, als ein Versuch aufgenommen werden, der einen Überblick über die wichtigsten Resultate dieser Periode geben will. Dass die auf einen Zeitraum von fünf Jahren verteilten Schriften als eine zusammengehörige Gruppe betrachtet werden, hat seinen Grund hauptsächlich darin, dass kein prinzipieller Fortschritt des philosophischen Denkens zwischen den einzelnen Untersuchungen zutage tritt. Sie sind alle in einem und demselben Geiste geschrieben, — inhaltlich scharf abgegrenzt gegen die späteren Werke — die zweite Phase der Kantischen Entwicklungsgeschichte umfassend.[1])

So engumschrieben in zeitlicher Hinsicht die vorliegende Periode erscheinen mag, so reich ist sie ihrem Inhalte nach. Die Verschiedenheit der darin behandelten Materien, die ihren Ursprung in zwei getrennten und damals noch unversöhnten Weltanschauungen haben, scheint uns eine Grundbedingung zu skeptischen Wendungen und eben dadurch der Hauptfaktor zum kritischen Fortschritt Kants geworden zu sein. Das Zusammentreffen zweier bedeutender Gedankenmassen, der alten philosophischen Schulweisheit und der neuen lebensfrischen, mathematischen Naturauffassung, brachte eine gewaltige Revolution in dem Kopfe des tiefen Denkers hervor. Eine gegenseitige Verständigung, ein Ausgleich

---

[1]) Vgl. Riehl: Der philosophische Kriticismus. I. 219 und ff.

fand erst nach 1768 statt, nachdem die Vereinigungs- und Versöhnungsversuche, die sich in den Schriften bis zum Jahre 1766 mehr oder minder deutlich erkennen lassen, nur zum Teil gelungen waren. Sämmtliche Abhandlungen der zu behandelnden Gruppe tragen unverkennbar das Gepräge des Selbstgedachten an sich, und es ist verfehlt, aus ihnen lauter Abhängigkeit herauslesen zu wollen und darin nur nach Einflüssen zu suchen. Überhaupt sind unserer Ansicht nach Abhängigkeit und Einfluss Erscheinungen sekundärer Art; — primär ist die Anziehungkraft, die im intersubjektiven Verkehr ein bestimmter Gedankenkreis auf einen ihm innerlich verwandten ausübt: — so ist für den zündenden Funken ein receptives Feld der Ausbreitung schon vorhanden. Eine Polyhistorie, wie sie sich in der deutschen Philosophie von Leibniz auf Wolf vererbt hatte, ist in diesen Schriften nicht zu finden, so sehr auch die Gedankensphären auseinander liegen, denen sie angehören. Wenn sich neben den metaphysischen Arbeiten auch eine Abhandlung anthropologischen und eine solche ethisch-ästhetischen Inhaltes befindet, so entsprangen dieselben der umfassenden Beschäftigung und dem vielseitigen Bedürfnis des Philosophen. Von einem System darf hier naturgemäss noch nicht geredet werden; was uns vorliegt, sind freie von einander äusserlich unabhängige Untersuchungen über die dunkelsten Punkte der damaligen Metaphysik, die sich Kant in seinem Lehrvortrage, oder in seiner privaten, wissenschaftlichen Tätigkeit aufdrängten. Wir werden versuchen, dieselben zu einem Gesammtbild zusammenzurücken, um dadurch einen Überblick über die gesammten philosophischen Anschauungen, die Kant in den Jahren 1762—1766 hatte, zu gewinnen.

Zu diesem Zweck erscheint es unerlässlich, die vorhandenen Schriften nach ihren inhaltlichen Beziehungen zu gruppieren, jedoch dabei beständig den roten Faden zu verfolgen, der durch sie alle hindurch geht und ihre innere Affinität erkennen lässt. Wir unterscheiden daher Schriften über:

    naturwissenschaftliche,

    erkenntnistheoretische (in Ansehung ihrer Resultate) und

    ethisch-ästhetische

Probleme. Mit allen drei Gruppen werden wir kurze Ausblicke auf die Ausbildung der späteren Methode zu verbinden haben, um dadurch zum Verständnis der Bedeutung jener beizutragen. Eine zeitliche Aufeinanderfolge der drei Schriftengruppen ist selbstredend ausgeschlossen: sie laufen sich parallel, und der Entstehungsgrund einer dieser Schriften ist gewöhnlich in einer vorhergegangenen zu suchen, wenn nicht Anregung von Aussen (z. B. Preisschrift) stattgefunden.[1]

---

[1] Es muss hier noch erwähnt werden, dass kurz vor Abschluss dieser kleinen Arbeit das ausführliche und mit philologischer Genauigkeit geschriebene Buch Thieles: „Kants vorkritische Erkenntnistheorie" erschien, weshalb es nur noch in geringem Umfang berücksichtigt werden konnte.

I. Naturwissenschaftliche Fragen.

Die bedeutendsten Arbeiten auf dem Gebiete des Naturerkennens mit Ausnahme der 1786 veröffentlichten Schrift „Metaphysische Anfangsgründe der Naturwissenschaft" liegen vor dem Jahre 1762: es sei uns ein kurzer Rückblick auf dieselben gestattet. Sicherlich ist es von Belang, dass Kant mit der Bearbeitung physikalischer und mechanischer Aufgaben seine wissenschaftliche Laufbahn betrat, denn dieser Einfluss der exakten Wissenschaften, der schon während der Universitätszeit unter Martin Knutzens Leitung begann, ist durch seine ganze Philosophie fühlbar geblieben. „Der Geist und die Methode der mathematischen Naturwissenschaften haben das Muster hergegeben zur Ausbildung der philosophischen Methode Kants. An Newton knüpfte er an in seiner ersten Schrift zur philosophischen Methodik, und nach der Analogie des experimentellen Verfahrens der Naturwissenschaft erläuterte er in der Vorrede der Vernunftkritik das Wesen der kritischen Methode."[1]) Der erste Versuch Kants, zwischen dem Newton'schen und Leibnizischen Kräftebegriff zu vermitteln, blieb für die Mechanik wertlos, weil der Autor sich noch ganz im Banne der Leibniz-Wolf'schen Lehren

---

[1]) Rehl. c. I. pag. 228. vgl. auch B. Erdmann: Reflexionen Kants. II. pag. XXXVIII.

befand. Sein Anschluss an K n u t z e n, den bedeutendsten Vertreter der freieren Richtung des Wolfianismus, machte ihn zum Anhänger der neuen Theorie des physisches Einflusses.¹) Was uns jedoch in dieser Erstlingsschrift am meisten interessieren muss, das sind die metaphysischen Ausblicke, die auf die spätere Kosmogonie hinweisen. Es wird als ein Recht der Metaphysik ausdrücklich postuliert, sich die „allerersten Quellen von den Wirkungen der Natur" zu ihrem Vorwurf zu machen, und K a n t sucht sich demzufolge eine Vorstellung von dem Anfangszustand des Weltgebäudes zu bilden, die den festen Boden der physikalisch-mathematischen Erklärung nicht verlässt. Das Übergangsprinzip aus dem Gleichgewichtsmodus der Materie in den Bewegungszustand, das D ü h r i n g im Schosse unserer heutigen Mechanik vergebens suchte, fand K a n t in den „schönen und naturgemässen" Gedanken des Herrn H a m b e r g e r, welche die Behauptung enthalten, dass ein Köper eine wirkliche Bewegung von einer Materie empfangen könne, welche selbst in Ruhe ist.²) Es war dadurch die Möglichkeit gegeben, aus einer Materie (Urnebel), die ja schlechthin allen Stoff und alle Kraft in sich enthalten musste, in Folge dessen die Zuhülfenahme einer fremden, von Aussen einwirkenden Kraft logisch völlig unmöglich wurde, das Entstehen einer allerersten Bewegung zu erklären. So war wenigstens das Causalitätsbedürfnis des Philosophen befriedigt, — wie unklar auch, auf einer solchen Basis erbaut, die Vorstellungen im Ganzen bleiben mussten. Als Consequenz dieser Gedankenbewegung erscheinen, hier schon Ileen, die das Bewusstsein widerstreitender Prinzipien veraten und

---

¹) B. Erdmann: Martin Knutzen und seine Zei, pag. 143.
²) Kants Werke (Ausgabe von Rosenkranz und Schubert, Leipzig 1838) V. pag. 76 an mehreren Stellen; ebenso pag. 74.

als erste Bedingungen zu den später systematisch ausgeprägten dynamischen Antinomien angesehen werden dürften. Oder klingt es nicht wie ein Bekenntnis zur Antithesis der dritten Antinomie, wenn K a n t ausruft: „die allerersten Bewegungen in diesem Weltgebäude sind nicht durch die unmittelbare Gewalt Gottes oder irgend einer Intelligenz verursacht worden, so lange es noch möglich ist, dass sie durch Wirkung einer Materie, welche im Ruhezustand ist, haben entstehen können."[1]) Überall tritt das Verlangen nach Einfachheit und Begreiflichkeit in den Erklärungen hervor; die willkürlichen Erdichtungen und Spiele der Einbildungskraft, welche den einfachen Plan der Natur und ihrer Wirkungen verdecken, werden mit Recht als eine „gemeine Seuche des menschlichen Verstandes" gebrandmarkt.[2]) Die Spekulation K a n t s steht überall auf positivem Boden und hierin besteht ihr wesentliches und grösstes Verdienst.

Aus dem Jahre 1754 stammen noch zwei kurze Untersuchungen, die sich jedoch ausschliesslich mit unserem Planeten und dessen Trabanten beschäftigen und daher an dieser Stelle übergangen werden können. Von grosser Einwirkung jedoch auf die Ausführung der späteren Schriften ist die mit Begeisterung geschriebene „Allgemeine Naturgeschichte und Theorie des Himmels, nach N e w t o n'schen Grundsätzen abgehandelt", wodurch zum Bekanntwerden der Gravitationtheorie in Deutschland in nicht geringem Masse beigetragen wurde.

Das Grundprinzip der ganzen hier entwickelten Kosmogonie ist die Idee eines Konfliktes zweier Kräfte

---

[1]) Kants Werke V. pag. 76.

[2]) Enthält einen verdeckten Angriff gegen die Anhänger Deskartes, „die ihre Einbildungskraft mit künstlich ersonnenen Wirbeln müde machen" u. s. w., vgl. Kants Werke V. pag. 74.

in der Natur, als deren Resultat die Centralbewegung
erscheint: — ein Gedanke, der in den Träumen eines
Geistersehers und auch weiterhin wiederkehrt.[1])
Mechanische, nicht philosophische Prinzipien also
sind es, aus denen hier ein metaphysisches Problem
abgehandelt und dadurch auf eine Reform der Philosophie durch eine exakte Methode hingearbeitet wird.
Die Erkenntnis des Gegensatzes, in welchem die Methoden der Mathematik und der Metaphysik standen,
machte Kant zuerst zweifelhaft an der Gültigkeit der
„metaphysischen Wahrheiten", und entschlossen bekannte
sein kritischer Geist sich zur naturwissenschaftlichen
Richtung. Dass es an einer richtigen Methode noch
fehle, spricht er schon 1747 aus. „Man muss eine Methode haben, vermittelst welcher man in jedwedem Falle,
durch eine allgemeine Erwägung der Grundsätze, worauf eine gewisse Meinung erbaut worden, und durch
die Vergleichung derselben mit der Folgerung, die aus
denselben gezogen wird, abnehmen kann, ob auch die
Natur der Vordersätze Alles in sich fasse, was in Ansehung der hieraus geschlossenen Lehren erfordert
wird."[2]) Eine Herübernahme der mathematischen Methode in die Metaphysik wird jedoch wegen des prin-
zipiell differenten Wesens beider Gedankenkreise zurückgewiesen, worauf wir später zu sprechen kommen werden.
Die Gedanken Newtons erfahren in der „Allgemeinen
Naturgeschichte und Theorie des Himmels" eine frucht-
bare Fortsetzung und eine nicht zu unterschätzende Be-
reicherung durch Herbeiziehen neuer Gesichtspunkte,

---

[1]) So sehr war Kant von seinen Erörterungen eingenom-
men, dass er VI, 199 schreiben konnte: „Es ist zu glauben, dass
Niemand als die Blödsinnigen, auf deren Beifall man nicht rech-
nen darf, die Richtigkeit dieser Theorie verkennen könnten."
[2]) Kants Werke, V. pag. 118.

wenn auch der durchweg hypothetische Charakter der Kant'schen Erörterungen nicht übersehen werden darf. In jener Newton'schen Theorie hatte die Tangentialkraft noch keine Erwähnung finden können; man musste sich in der Beschränkung auf Erde und Mond mit der Erklärung der allgemeinen Schwerkraft oder Gravitation begnügen. Aus einer in manchen Stücken doch zu weit getriebenen — Analogie mit unserm Planetensystem bildet sich nun Kant die Idee der Zusammengehörigkeit aller der unendlichen, kosmischen Massen zu Einem System, in dessen Centrum eine Allsonne Ordnung und Schönheit erhält.[1] Im unbegrenzten Raume bildet sich und zerfällt eine unendliche Materie. Alle Bildungsstadien erfüllen gleichzeitig den Weltenraum; das Sein der Dinge verwandelt sich vor unsern Augen in ein Werden derselben.[2] Und aus diesem Anschauen des allmähligen Entstehens des Universums, aus dem Gestaltungsprinzip der Welten führt uns die Phantasie des Denkers empor zur Idee eines Werdens und Entwickelns der Organisation des Geistes.[3]

Was die wissenschaftlichen Resultate der Allgemeinen Naturgeschichte und Theorie des Himmels und

---

[1] Letztere Spekulation ist heute gänzlich aufgegeben. Auch Kants Prophezeihung des Uranus ist aus falschem Prinzip (aus der mit der Entfernung von der Sonne zunehmenden Exzentrizität der Bahnenkurven) hergeleitet, und fand daher in dem von dem Philosophen selbst veranstalteten Auszug seiner Kosmogonie — Herschels Abhandlung von 1791 beigegeben — keine Aufnahme mehr.
[2] Vgl. Kants Werke VI, pag. 11, 156, 159, 160, 161. „Die Schöpfung ist niemals vollendet. Sie hat zwar einmal angefangen, aber sie wird niemals aufhören. Sie ist immer geschäftig, mehr Auftritte der Natur, neue Dinge und neue Welten hervorzubringen" u. s. w. Vgl. auch Fischer: Geschichte der neueren Philosophie III², pag. 144.
[3] Vgl. die schöne Stelle Kants Werke VI. pag. 180 u. f.

der einschlägigen Schriften anlangt, so werden sie im Beweisgrund zu einer Demonstration des Daseins Gottes vom Jahre 1763 wiederholt und fallen daher in den Rahmen unserer Betrachtung.

Ein Grund ihrer Veröffentlichung an dieser Stelle, „da sie mit der Hauptabsicht der Schrift nur eine entfernte Verwandtschaft haben"[1] ist wohl darin zu suchen, dass Kant sich anlässlich des Erscheinens der kosmologischen Briefe von Lambert (1761) das Recht der Priorität wahren wollte, da leider seine erste Darstellung unbeachtet geblieben war.[2])

Wir besprechen hier der uns gestellten Aufgabe gemäss nicht die Einzelresultate der Kant'schen Untersuchung (Theorie des Fixsternhimmels [verbessert nach Wright], des Saturnringes, des Weltendes u. s. w.), sondern beschränken uns auf die Hervorhebung der grundlegenden Anschauungen. Aus den Begriffen Raum, Materie und Kraft ist die ganze Kosmogonie zu verstehen, denn die Eigenschaften, mit denen Kant sich diese ausgestattet dachte, las er wieder aus ihnen heraus und baute sich daraus die Welten. Man könnte, um die Grundlagen der ganzen Theorie durch einen Begriff zu decken, gebührend von einem Newton'schen Leibnizianismus reden, wird doch als Constitutiv der Schwere neben der Repulsion die Attraktion (deren Annahme sowohl Deskartes, wie Leibniz zurückgewiesen hatte) ausdrücklich gefordert.

In ausgedehntester Disgregation waren Materien „von allerlei Art der Dichtigkeit" im Raum ausgebreitet. Jede Materie ist mit einer **ihr eigenen Grundkraft** ausgestattet, welche deshalb nicht erklärt werden

---

[1]) Vgl. Kants Werke I. pag. 257.
[2]) Vgl. Borowski: Darstellung des Lebens und Charakters Kants (Königsberg 1804) pag. 50, 194.

darf und kann.¹) In irgend einem Orte, den jetzt der Klumpen der Sonne einnimmt, befand sich eine Materie von stärkeren Anziehungskräften, und nach diesem Mittelpunkte fand eine allgemeine Senkung der Materien aus den entlegensten Gegenden des Weltraums statt, indem proportional mit der Materien-Anhäufung die Attraktionskraft an diesem Punkte zunahm. Seitdem sind die Räume leer; sie enthalten keine Materie, die unter den entstandenen Körpern zur Mitteilung des Kreisschwungs dienen könnte.²) So ist die Welt nun wohlgeordnet, denn die Wirkung der Gravitation war notwendigerWeise „bestimmt", Regelmässigkeit und Schönheit in der Verbindung zerstreuter Elemente hervorzubringen.³ Geringere Ordnung, ja Ausartung in Regellosigkeit und Abweichungen zeigen die Körper nach den Grenzen des Systems hinaus, „gerade so, wie es von einer Verfassung zu erwarten ist, die mechanischen Ursprungs ist." „In allen natürlichen Hervorbringungen, in so ferne sie auf Wohlgereimtheit, Ordnung und Nutzen hinauslaufen, zeigen sich zwar Uebereinstimmungen mit göttlichen Absichten, aber auch Merkmale des Ursprungs aus allgemeinen Gesetzen, deren Folgen sich noch viel weiter als auf solchen einzelnen Fall erstrecken, und demnach in jeder einzelnen Wirkung Spuren von einer Vermengung solcher Gesetze an sich zeigen, die nicht lediglich auf dieses einzige Produkt gerichtet waren."⁴)

Das ist die ganze Kant'sche Kosmogonie in nuce — in der Grossartigkeit ihrer Auffassung, aber auch mit allen ihren Fehlern und Mängeln. Ebenso unmechanisch, wie jene Annahme von Abstufungen zwischen der toten und lebendigen Kraft in der Schrift von 1747

---

¹) Kants Werke I. pag. 255.
²) Kants Werke I. pag. 265.
³) Kants Werke I. pag. 269.
⁴) Kants Werke I. pag. 262.

sind hier die Vorstellungen von Materien von verschiedener stofflicher Dichtigkeit und graduellen Unterschieden ihrer Anziehungskraft. Zeitliche und quantitative Bestimmungen fehlen mit Recht, denn das Ganze der Dinge duldet keine zeitlichen Begrenzungen oder wirkliche Haltepunkte und keine Relation zu irgend etwas Anderem. Wir haben es im Grossen und Ganzen mehr mit einer rationellen Ueberlegung, als mit exakten, mechanisch bestimmten Erklärungen zu thun. Es ist zur Genüge ersichtlich, dass jene Mittelpunkte von stärkerer Anziehungskraft nur eine schwache Vorstellung davon geben können, wie das Materienchaos in geordnete Bewegung überging, da sie mechanisch nicht motiviert sind. Da jedes Materienteilchen ursprünglich mit zwei Kräften vergesellschaftet erscheint, wobei doch irgend eine Wirkung schon vorausgesetzt werden muss, so ist es hier wieder fraglich, ob ein ursprünglicher Ruhezustand angenommen wird. Die verschiedene Dichtigkeit kann natürlich auch nicht erklärt werden und erschwert nur noch die Vorstellung vom Ursprungszustand.

Auf das Raumproblem, in dessen Fassung Kant noch sehr von Leibniz abhängig erscheint, werden wir im zweiten Teil dieser Abhandlung näher eingehen.

Aus all' diesen Arbeiten, die teils zwischen den Ansichten der Vorgänger zu vermitteln suchten, teils aus selbständigen Fortbildungen und Entwicklungen bestehen, zog Kant die folgenreiche Erkenntnis, dass Metaphysik und rationelle Mechanik eine Anzahl von Widersprüchen aufweisen, an deren Lösung man sich bemühen müsse. Und hierin dürfen vielleicht die Keime zu den späteren dynamischen Antinomien erblickt werden, die, wie Kant selbst eingestand, ein weitaus bedeutenderer Anstoss zur Kritik der reinen Vernunft wurden, als das Problem des Gottesbeweises, das in der Schule Wolfs den Hauptgegenstand gebildet hatte.

Der Einfluss Newtons aber ist in allen Schriften naturwissenschaftlichen Inhaltes unverkennbar, und es ist hervorzuheben, dass die früher verfasste Schrift „Gedanken von der wahren Schätzung der lebendigen Kräfte u. s. w." ein eingehendes Vertrautsein mit Newtonschen Gedanken verrät. Wie weit der Meister selbst noch von metaphysischen Traditionen beeinflusst war, ist bekannt, und diese Abhängigkeit konnte auch Kant nicht ganz von sich abschütteln. Aber auch jene wertvolle Einsicht Newtons, dass die deduktive Methode, welche die Scholastik vom Altertum adoptiert und in neue Rechte eingesetzt hatte, ein unzulängliches Instrument darstelle, um die Natur und die Wirklichkeit zu erkennen, ist auf Kant übergegangen und hat hier die schönsten Früchte gezeitigt in Anwendung auf die Lebensfragen der Metaphysik. Wir sind darum auch versucht, die hochwichtige Unterscheidung zwischen Realgrund und logischem Grund als eine Errungenschaft naturwissenschaftlichen Denkens und Beobachtens zu betrachten, denn einerseits weisen die meisten zum Beweise angezogenen Beispiele auf Bewegkräfte und physikalische Verhältnisse hin, andererseits wird der Hauptsatz der Kosmologie selbst als Beispiel gebracht, indem es heisst: „Es besteht" in dem „Confliktus der entgegengesetzten Realgründe gar sehr die Vollkommenheit der Welt überhaupt, gleichwie der materielle Teil derselben ganz offenbar blos durch den Streit der Kräfte in einem regelmässigen Lauf erhalten wird."[1]

In den Naturwissenschaften fand Kant ein Gebiet, auf welchem sich abstrakte Anschauungsweise mit konkreter verband. Hier fühlte er wohl, dass eine Differenz bestehe in Bezug auf den Grad der Überzeugung, wel-

---

[1] Kants Werke I. pag. 153.

cher sich mit metaphysischen und mathematisch-naturwissenschaftlichen Erkenntnissen verband, und aus diesem Gefühl heraus ward die im Jahre 1763 zuerst anonym erschienene Schrift: „Untersuchungen über die Deutlichkeit der Grundsätze der natürlichen Theologie und Moral" geschrieben, die zu einer prinzipiellen Trennung der Methoden beider Wissenschaften führte.

Wir sind hiermit in das Gebiet der erkenntnistheoretischen Probleme eingetreten und behandeln zuerst die ebenberührte Frage.

II. Erkenntnistheoretische und logische Fragen.

Bemerkungen über die Methode der Philosophie treten uns in der zu besprechenden Periode in drei Schriften entgegen und beweisen dadurch die Bedeutung und die Dringlichkeit der Beantwortung dieses Problems. In einem Brief an Lambert[1]) heisst es wörtlich: „Es ist um die Verbesserung der Metaphysik und noch vorher um die Vollständigkeit der dazu dienlichen Methode zu thun." Ersteres wird also von Letzterem abhängig gemacht. Das Aufwerfen aber der methodologischen Frage an sich beweisst schon einen höheren Standpunkt, ein Hinausschreiten über die Tagesinteressen der Wissenschaft. „Die Methodensucht, die Nachahmung des Mathematikers, der auf einer wohlgebahnten Strasse sicher fortschreitet, auf dem schlüpfrigen Boden der Metaphysik, hat eine Menge solcher Fehltritte veranlasst, die man beständig vor Augen sieht, und doch ist wenig Hoffnung, dass man dadurch gewarnt und behutsam zu sein lernen werde.[2])" „Der Gebrauch, den man in der Weltweisheit von der Mathematik machen kann, besteht entweder

---

[1]) Kants Werke I. pag. 347.
[2]) Beweisgrund zu einer Demonstration des Daseins Gottes. Kants Werke I. pag. 170.

in der Nachahmung ihrer Methode, oder in der wirklichen Anwendung ihrer Sätze auf die Gegenstände der Philosophie. Man sieht nicht, dass der erstere bis daher von einigem Nutzen gewesen sei, so grossen Vorteil man sich auch anfänglich davon versprach."[1]) Eine ausführliche Darlegung und Beantwortung dieser Frage ist das Thema der Berliner Preisschrift vom Jahre 1763. Kant fasst die Aufgabe allgemeiner, als sie die Akademie gestellt hatte und übertrifft, trotzdem er nur das Accessit erhielt, die gekrönte Schrift Mendelsohns. Dieser gelangt zwar inbetreff der Evidenz in metaphysischen Wissenschaften zu einem im Prinzip der Kantschen Erörterung nahekommenden Resultate,[2]) dass nämlich die metaphysischen Wahrheiten derselben Gewissheit, aber nicht derselben Fasslichkeit fähig sind, als die geometrischen, d. h. man kann die wichtigsten Wahrheiten der Metaphysik durch zusammenhängende Schlüsse bis auf solche Grundsätze zurückführen, die ihrer Natur nach ebenso unleugbar sind als die ersten Grund- und Heischesätze der Geometrie, aber man kann diese Kette von Schlüssen nicht so fasslich machen, als die geometrischen Wahrheiten. Mendelsohns Ansicht über das Wesen der Mathematik erhellt aus folgender Stelle:[3]) „die Schlüsse, vornehmlich die mathematischen, sind nicht anders, als Zergliederungen der sinnlichen Eindrücke, oder der von denselben abgesonderten Begriffe, daher können sie das Dunkle deutlich machen

---

[1]) Versuch, d. Begriff d. neg. Grössen u. s. w. Kants Werke I. pag. 115.

[2]) Vgl. Kants Werke I. pag. 104. „Es ist ebensowohl eine zur Überzeugung nötige Gewissheit, deren die Metaphysik, als welcher die Mathematik fähig ist, nur die letztere ist leichter, und einer grössern Anschauung teilhaftig."

[3]) Mendelsohn: Abhandlung über die Evidenz in den metaphysischen Wissenschaften. Original-Ausgabe (Berlin 1764) pag. 9.

und das Eingewickelte aufwickeln, aber schlechterdings der Seele nichts Neues beibringen." Kants Unterscheidung ist tiefer greifend und genauer, und er verschmäht es nicht, auf Newton hinzuweisen, dessen Verfahren in der Naturwissenschaft ihm als ein mustergültiges und nachahmenswertes dasteht. Ihm ist die Mathematik in erster Linie eine schöpferische Wissenschafft: sie schafft sich ihre Objekte selbst. „Die Mathematik erklärt niemals durch Zergliederung einen Begriff, sondern durch w i l l k ü r l i c h e V e r b i n d u n g e i n O b j e k t, dessen Gedanke eben dadurch zuerst möglich wird."¹) Die Synthesis ist also eine willkürliche, wie das Beispiel mit dem Trapezium lehrt, während die Analysis der Begriffe eine notwendige, durch das Wesen des Begriffs bedingte ist. Dadurch wird der Endzweck der Mathematik zu einem selbstgenügsamen und ihre praktische Anwendung auf die Wirklichkeit ist erst eine sekundäre Form, die mit der Entstehung und ersten Entwicklung dieser Wissenschaft nichts gemein hat. Entgegengesetzt ist das Verfahren und die Aufgabe der Philosophie. Ihr sind zusammengesetzte Begriffe gegeben, die sie zergliedert, um zu einem Erfahrungsbeweis ihrer Gültigkeit zu gelangen. Überhaupt hat es nur die Philosophie mit Begriffen zu thun, dagegen die Mathematik mit Objekten, allerdings auf der Basis von einigen Begriffen, die jedoch in der Mathematik unauflöslich sind, „nämlich ihre Zergliederung (Analysis) und Erklärung gehört gar nicht für diese Wissenschaft."²) Dass der Philosophie zwar die Synthesis nicht durchaus fremd ist, wird später noch eingehender erwähnt werden. Aber das ist keine Synthesis oder synthetische Erkenntnis,

---

¹) Kant steht mit dieser Ansicht gegen die gesammte Philosophie seines Zeitalters.
²) Kants Werke I. pag. 83 u. f.

wenn der Philosoph eine Substanz sich willkürlicher Weise gedenkt und sie einen Geist nennt. „Dergleichen Bestimmungen einer Wortbedeutung sind niemals philosophische Definitionen, sondern wenn sie ja Erklärungen heissen sollen, so sind sie nur grammatische."[1]) Hier dringt eine Unterscheidung durch zwischen Wort, Begriff und Objekt, und auch ein leises Bewusstsein, das durch die Ersteren nichts über die Existenz des Letzteren ausgesagt werden kann.[2]) Aber das wirkliche Wesen und die Schranke aller rein logischen Operationen, besonders der formelle Charakter des Satzes vom Widerspruch, der die Signatur der ganzen vorkantischen Philosophie bildet, wurde auch von Kant nur zum Teil bemerkt. Widerspruchslosigkeit zeigt uns nichts weiter an, als formelle Bestandfähigkeit oder Gültigkeit eines Begriffs resp. einer Beziehung unter Begriffen in bestimmtem Zusammenhang, und kann daher den logischen Geltungsbereich nicht überschreiten. „Kant hat sich im Grossen und Ganzen durch die logische Überlieferung beengen lassen." Diese Worte Eugen Dührings sind zwar von diesem nur auf die kritische Zeit bezogen worden, aber sie gelten auch von der vorkritischen Periode. Man fühlt das Ringen eines neuen Inhaltes mit der alten, überlieferten Form, aber Kant bringt es nicht über sich, diese ganz zu zerbrechen und einem neuen Gestaltungsprinzip den aristotelischen Formalismus zum Opfer zu bringen. Dass dieser Schritt unterblieb, hatte bekanntermasen manche schlimme Folge für die spätere Methode, was besonders in der Kategorientafel zutage tritt.

---

[1]) Kants Werke I. pag. 80.

[2]) Von einer kritischen Trennung verschiedener Erkenntnisarten, wie sie in der Dissertation von 1770 erfolgte, findet sich noch keine Andeutung.

In der Dissertation von 1755 wurde zwar gegen den Satz des Widerspruchs Einsprache erhoben und demselben der Grundsatz der Identität vorgezogen[1]) — eine Ansicht, die auch in der modernen Logik sich behauptet hat. Aber jene Schrift war eben doch nichts Weiteres, als der Ausdruck des Suchens nach einem ersten, einzigen, unbedingt gültigen Prinzip; und wenn auch eine Untersuchung desselben in Anschung der Folgesätze nicht sehr fruchtbar war, „verum nonne ideo digna erit disquisitione materia, catenam veritatum ad summum usque articulum sequi"? Doch ein solches Prinzip, das alle Wahrheiten unter sich befassen müsste, giebt es nicht, weil wir mindestens zweier Grundsätze bedürfen, um alle Wahrheiten abzuleiten. Es liegt aber doch noch etwas in besagter Schrift, was der oberflächlichen Beobachtung entging und was in den „Untersuchungen über die Deutlichkeit der Grundsätze der natülichen Theologie und Moral[2]) wenigstens dem Resultate nach wiederholt wird: nämlich die Erkenntnis, dass der Satz des Widerspruchs nicht produktiver, sondern lediglich normativer Natur ist.

Es kann aber mittelst der beiden Prinzipien der Identität und des Widerspruchs absolut nichts erkannt werden; ihre eigentliche Leistung dürfte vielmehr nur darin bestehen, im Urteil, über dessen thatsächliche Richtigkeit nichts ausgemacht wird, die Beziehung des Prädikats zum Subjekt anzuerkennen oder diese Anerkennung zu verweigern. Im Grande genommen drücken diese Grundsätze also nur die Eindeutigkeit unseres Denkens und des Gedachten (der Funktion und des Produktes) aus. Widersprechendes kann nicht in derselben Hinsicht als bestehend und nicht bestehend ge-

---

[1]) Kants Werke I. pag. 102 u. f.
[2]) Kants Werke: ebenda.

dacht werden. Wir treten hier aus dem Bezirk der Begriffe nicht heraus; es handelt sich nur um begriffliche Wahrheit, und widerspruchslose Begreiflichkeit. Aber alle diese logischen Schlüsse können uns nicht zu neuen Erkenntnissen führen; sie bringen unsern Erkenntnisinhalt nur in verschiedene Form. Eine Berechtigung ihrer Anwendung läge nur in ihrer Unvermeidlichkeit. Aber gerade diese letztere bezweifelt Kant für die letzten drei syllogistischen Figuren, indem er nachzuweisen sucht, dass sie sich alle auf die erste Schlussform zurückführen lassen: — eine Einsicht, die wir schon bei Aristoteles und dem Wolfianer G. F. Maier finden.[1])

Was in dieser Arbeit: „Die falsche Spitzfindigkeit der vier syllogistischen Figuren" (1762), „die im wesentlichen eine naheliegende Consequenz aus Wolfs Behandlung der Syllogismen ausführt".[2]) als Fortschritt erscheint, ist die Erkenntnis, dass deutliche und vollständige Begriffe nur durch Urteile und Vernunftschlüsse möglich sind; worin offenbar eine Berufung auf Erfahrung enthalten ist, denn ein Urteil über Dinge ist nur möglich, wenn Empfindungen und Vorstellungen der Dinge vorangegangen sind.

Eines Punktes, der als Consequenz der vorliegenden Schrift hervortritt, ohne in ihr tendiert zu sein, müssen wir noch Erwähnung thun. Kant trennt in einer

---

[1]) Riehl. l. c. I. 213 und Thiele: die Philosophie Kants I₂ pag. 43. Allgemein scheint dies jedoch nicht bekannt gewesen zu sein, sonst hätte der Rezensent (Mendelsohn) in den Literaturbriefen (XXII Teil, 123 Brief) nicht von einer „schrecklichen Revolution" und von dem Geschrei „der logischen Klopffechter auf den Universitäten" wegen dieser Neuerung reden können.

[2]) Erdmann: Reflexionen Kants II. pag. XVII.

„Schlussbetrachtung",[1]) die durch Kürze der Gedanken und Klarheit des Ausdrucks mustergültig genannt werden darf, ein „physisch Unterscheiden" von einem „logisch Unterscheiden." Damit ist die völlig richtige Ansicht ausgesprochen, dass ich mich meinen Vorstellungen gegenüber unter Umständen verschieden verhalte: entweder blos rezeptiv, oder rezeptiv und zugleich aktiv. Um physisch zu unterscheiden genügt es von verschiedenen Dingen verschiedene Empfindungen zu empfangen und in Folge davon zu verschiedenen Handlungen getrieben zu werden; um aber „einen Unterschied zu erkennen", muss ich nicht nur Empfindungen haben, sondern mir auch „der Übereinstimmung und des Widerstreits desjenigen, was in einer Empfindung ist, mit dem, was in einer andern befindlich ist, bewusst sein und also urteilen."[2]) Urteilen ist aber eine rein logische Funktion und besteht darin, dass ich ein Merkmal mit einem Dinge vergleiche, wodurch ich einen deutlichen Begriff des Dinges allererst gewinne. Ist die Verknüpfung zwischen Ding (Subjekt) und Merkmal (Prädikat) nicht direkt ersichtlich d. h. steht das Urteil nicht unmittelbar unter den Sätzen der Einstimmung und des Widerspruchs, so schiebe ich eine nota intermedia ein, wodurch ein Vernunftschluss entsteht. Es muss ausdrücklich bemerkt werden, dass hierdurch an der Thatsächlichkeit des Urteils nichts geändert wird und dass jener neue Urteilsprozess — das Einschieben eines terminus medius — nur zum Zweck der Begreiflichkeit des Urteils unternommen wird. Wo dies nicht möglich ist, da ist das Urteil „unvermeidlich" d. h. thatsächlich, nicht näher zu begründen, und K a n t hebt hervor, dass die menschliche Erkenntnis v o l l solcher unerweislicher Urteile sei. Aus diesen Erörterungen

---

[1]) Kants Werke I. pag. 70 u. ff.
[2]) Kants Werke I. pag. 73.

ist es unmittelbar klar, dass Verstand und Vernunft keine verschiedenen Grundfähigkeiten sein können, (wie auch in der Kritik der reinen Vernunft ihre Trennung nur eine scheinbare, wenn auch ernstlich behauptete, ist) denn sie bestehen beide im „Vermögen zu urteilen." Schliessen ist also nur ein fortgesetztes Urteilen. Wodurch das Urteilen nun möglich wird, das ist eine ganz andere Frage. Nach Kants Meinung beruht es auf einer Fähigkeit oder Kraft, „seine eigenen Vorstellungen zum Objekte seiner Gedanken zu machen", und er nennt diese Kraft ein Grundvermögen, weil es nicht aus einem andern abzuleiten ist. Durch den Besitz dieses Grundvermögens unterscheidet sich der Mensch vom Tiere — das vernünftige Wesen vom unvernünftigen Geschöpfe.

Wenn wir nicht irren, so dürfte in den soeben entwickelten Gedanken vielleicht ein Keim zu der späteren Kategorienlehre erblickt werden.[1])

Parallel mit der Trennung des „physisch Unterscheiden" vom „logisch Unterscheiden" geht die kritische Differenzierung des Realgrundes vom logischen Grunde im „Versuch, den Begriff der negativen Grössen in die Weltweisheit einzuführen (1762). Schon seit 1755 jedoch findet sich diese Unterscheidung, wenn auch nicht ausgesprochen, so doch schlummernd in Kants Schriften.[2]) Jene oben berührte Trennung zwischen Begriff und Objekt, resp. zwischen reiner Verstands- und An-

---

[1]) Vgl. Thiele l. c. I² pag. 53 und 54. Der Behauptung Thieles gegenüber, dass in der von Kant gemachten Unterscheidung, wenn sie sich auf das Neben- oder Nacheinander zweier Empfindungen bezieht, „eine conditio sine qua non zum Verständnis des kritischen a priori von Raum und Zeit liege", I²) pag. 50) müssen wir uns ablehnend verhalten.

[2]) Eine genaue Bestätigung dieser Ansicht findet sich auch bei Thiele l. c. pag. 205 u. f.

schauungserkenntnis wird nun wesentlich für die Entscheidung der gestellten Frage, denn die Mathematik ist einer grösseren Anschaulichkeit fähig.[1]) Ihre Zeichen sind sinnliche Erkenntnismittel und daher „kann man mit derselben Zuversicht, wie man dessen, was man mit Augen sieht, versichert ist, auch wissen, dass man keinen Begriff ausser Acht gelassen hat, dass eine jede einzelne Vergleichung nach leichten Regeln geschehen sei" u. s. f. Gerade in diesen letzten Worten des Citates kann man vielleicht eine leise Andeutung jener Lehre sehen, dass alle Erkenntnis aus Anschauungen hervorgeht, die nach Regeln d. h. durch Verstandesfunktionen zu unserm Bewusstsein in Beziehung treten.

Eine Überschätzung des mathematischen Denkens, die nach der Ausbildung der kritischen Methode verschwindet, macht sich zwar durch die ganze Schrift hindurch bemerkbar. So erscheint, um nur ein Beispiel anzuführen, der Vorwurf der Unbestimmtheit des Wortes der Zahl gegenüber doch etwas zu stark betont. Ein Unterschied besteht naturgemäss. Das Wort als Qualitätsausdruck schwankt und variiert im Laufe des kontinuirlichen Fortschritts und der immer ausgedehnteren Complizierung der Sprache, während die Zahl als Quantitätsausdruck stets fixiert bleiben muss. Aber auch die Zahl zeigt uns, ebensowenig wie die Zeichen der philosophischen Betrachtung — die Worte —, weder

---

[1]) Auf die Wichtigkeit einer Unterscheidung zwischen anschauendem Erkennen (Mathematik) und dem reinen Verstande (Metaphysik) macht auch Thiele l. c. pag. 87 aufmerksam. Vgl. auch Kants Werke I. pag. 99. „Der reine Verstand muss in der Anstrengung erhalten werden, und wie unmerklich entwischt nicht ein Merkmal eines abgesonderten Begriffs, da nichts Sinnliches uns dessen Verabsäumung offenbaren kann." Hier wird der Überzeugung durch die Sinne eine grosse Beweiskraft zugestanden.

in ihrer Zusammensetzung die Teilbegriffe, woraus sie entstanden, noch in ihren Verknüpfungen die Verhältnisse der Teilzahlen unter einander. Jenes höhere Postulat: die Identität des Begriffs mit sich selbst — die Einheit des Bewusstseins — darf in diesem Tadel K a n t s nicht erblickt werden. Wenn wir ein Zahlenverhältnis der reinen Mathematik in eine graphische Einkleidung bringen, so kommt das — abgesehen davon, dass die Grundlage der philosophischen Erkenntnis eine andere ist, wie die der mathematischen —[1]) der Anwendung eines allgemeinen Begriffs auf einen speciellen Fall gleich. Beides ist die Versinnlichung einer gedanklichen Beziehung und beides leidet an der Möglichkeit eines Umsetzungs- resp. Anwendungsfehlers. Vielleicht darf auch auf den verschiedenen Ursprung beider Wissenschaften aufmerksam gemacht werden. Die Metaphysik entsprang aus dem Gefühlsleben des Menschen, nicht zum Geringsten in Verbindung mit religiösen Bedürfnissen; die Mathematik dagegen war lediglich ein Postulat des Denkens. Durch die erstere sollten dem gemeinen Bewusstsein selbstgeschaffene Begriffe, die ihm jedoch bisweilen schwankend erschienen, weil ihnen das überzeugendste Element — die sinnliche Empfindung — fehlte, mittelst gedanklicher Operationen gestützt und annehmbar gemacht werden, während die letztere dem gemeinen Verstande keine Rechenschaft schuldig war und nicht beständig durch naive Zwischenfragen dieses an ihrer Entwicklung aufgehalten wurde.

Heben wir nochmals im Sinne K a n t s die Unterschiede in der Methode der Philosophie und der Mathematik hervor, so ist in erster Linie die analytische Funktion jener, und die synthetische dieser zu erwähnen.

---

[1]) Vgl. Kant: Kritik der reinen Vernunft (Ausgabe von Kehrbach, bei Reklam, Leipzig) pag. 548 u. ff.

Zwar ist diese Verschiedenheit keine prinzipielle; es ist nicht ausgeschlossen, dass nicht auch einmal die Metaphysik synthetisch werde verfahren können; es ist jetzt nur noch nicht Zeit dazu, „nur wenn die Analysis uns wird zu deutlich und ausführlich verstandenen Begriffen verholfen haben, wird die Synthesis den einfachsten Erkenntnissen die zusammengesetzten, wie in der Mathematik unterordnen können."[1]) In zweiter Linie bedarf die Metaphysik nicht unbedingt der Definitionen als Ausgangspunkte, denn man kann auch ohne sie „sehr viel von einem Gegenstande deutlich und mit Gewissheit erkennen, auch sichere Folgen daraus ableiten."[2]) „In der Mathematik fange ich mit der Erklärung meines Objektes an; in der Metaphysik muss ich niemals damit anfangen, und es ist so weit gefehlt, dass die Definition hier das erste sei, was ich von dem Dinge erkenne, dass es vielmehr fast jederzeit das letzte ist."[3]) Dagegen muss die Metaphysik bestrebt sein, durch beständige Zergliederung wenigstens auf unauflösliche Begriffe zu kommen,[4]) „die es entweder an und für sich oder für uns sein werden," denn eine jede Zergliederung, die geschehen kann, ist auch nötig, sowohl die Deutlichkeit der Erkenntnis, als die Möglichkeit sicherer Folgerungen hängt davon ab.[5]) Diese unauflösliche Begriffe bilden, ähnlich wie in der Mathematik die Defi-

---

[1]) Kants Werke I. pag, 97.
[2]) Vgl. Kant: Kritik der reinen Vernunft pag. 557.
[3]) Kants Werke I. pag. 89.
[4]) Vgl. Kants Werke I. pag. 104. „Nur da die Definitionen in der Mathematik die ersten unerweislichen Begriffe der erklärten Sachen sind, so müssen an deren Statt verschiedene unerweisliche Sätze in der Metaphysik die ersten Data abgeben, die aber eben so sicher sein können, und welche entweder den Stoff zu Erklärungen, oder den Grund sicherer Folgerungen darbieten."
[5]) Kants Werke I. pag. 84.

nitionen, den Fond, auf dem alle weiteren Operationen des Denkens vollzogen werden. Kant spricht aber auch von „unzergliederlichen Begriffen des Wahren," des Guten, die er jedoch durch „ein Geschäft des Verstandes," wenn nicht aufzulösen, so doch durch den Nachweis ihrer Entstehung aus einfachen Empfindungen, auf ein Urteil zu bringen hofft, das „eine unmittelbare Wirkung von dem Bewusstsein des Gefühls der Lust mit der Vorstellung des Gegenstandes darstellt." Hier werden also neben unauflöslichen Begriffen auch unauflösliche Thatsachen, letzte, einfache Empfindungen anerkannt, die aus dem „unmittelbaren Bewusstsein eines inneren Antriebes" stammen. Ein System solcher einfacher Empfindungen giebt uns den Begriff irgend eines Gefühls, daher ist die „sichere Erfahrung" d. i. ein unmittelbares, augenscheinliches Bewusstsein auch das Medium, den Begriff in die ihn zusammensetzenden Merkmale zu zerlegen, wodurch wir naturgemäs auf unerweisliche Urteile kommen. Auf dem Vermögen zu urteilen aber beruht, wie es 1762 heisst, „die obere Erkenntniskraft", und zwar ist dies schlechterdings ihre einzige Funktion.

Diese Anerkennung von Erfahrungsthatsachen in Gestalt von unerweislichen Urteilen befestigte in Kant immer mehr die Einsicht, dass aus blosen Begriffen niemals auf ein Dasein geschlossen werden dürfe. „Das Dasein ist gar kein Prädikat oder Determination von irgend einem Dinge", sondern ist „die absolute Position eines Dinges und unterscheidet sich dadurch auch von jedem Prädikate, welches als ein solches jederzeit blos beziehungsweise auf ein anderes Ding gesetzt wird."[1] Das Prädikat hat stets nur accessorische Bedeutung, kann also für sich allein nirgends bestehen, während

---

[1] Kants Werke I. pag. 171 und 173.

die blose Setzung eines Dinges schon identisch ist mit dem Sein dieses Dinges. Nun ist die Setzung des Möglichen auch ein Dasein, aber nicht für die äussere Erfahrung, sondern blos eine Denknotwendigkeit. „Blose Möglichkeiten", sind bei Kant nur im Sinne von widerspruchsfreien Gedanken, zu nehmen: „möglich" bedeutet nichts weiter als denkbar oder logisch vereinbar. Wer wird aber nun die Entscheidung über diese Widerspruchslosigkeit oder Denkbarkeit übernehmen? Hier giebt es nur eine Antwort: die Erfahrung, und zwar die Erfahrung durch die Sinne. „Dem Seeeinhorn kommt die Existenz zu, dem Landeinhorn nicht. Es will dieses nichts Anderes sagen, als: die Vorstellung des Seeeinhorns ist ein Erfahrungsbegriff, das ist die Vorstellung eines existierenden Dinges."[1]) In der Kritik der reinen Vernunft[2]) heisst es aber: Es „kann die Möglichkeit eines Dinges niemals blos aus dem Widersprechenden eines Begriffs desselben, sondern nur dadurch, dass man diesen durch eine ihm korrespondierende Anschauung belegt, bewiesen werden."

Das Aufheben aller Existenz benimmt auch „alles Materiale zu irgend etwas Denklichem" und alle Möglichkeit fällt weg, ja wir müssen noch hinzufügen auch das Denken als solches, da es so gut wie irgend etwas Anderes in den Kreis der Wirklichkeiten gehört.[3])

---

[1]) Kants Werke I. pag. 172.
[2]) Kant: Kritik der reinen Vernunft pag. 685.
[3]) Vgl. Kritik der reinen Vernunft pag. 214 u. f. „Dass aber in durchgängigen Zusammenhange mit dem, was mir in der Wahrnehmung gegeben ist, eine andere Reihe von Erscheinungen, mithin mehr wie eine einzige alles befassende Erfahrung möglich sei, lässt sich aus dem, was gegeben ist, nicht schliessen, und, ohne dass irgend etwas gegeben ist, noch weniger, weil ohne Stoff sich überall nichts denken lässt."

Unsere nächste Frage wird sich darauf zu richten haben, wie in Folge der neuen Auffassung des Daseins als absolute Position sich das Verhältnis zwischen Möglichem und Wirklichem gestalten muss. Kant weisst der Reihe nach die Ansichten Wolfs, Baumgartens und des „berühmten" Crusius zurück und fasst seine Überlegung in den Worten zusammen: „In einem Existierenden wird nichts mehr gesetzt als in einem blos Möglichen, allein durch etwas Existierendes wird mehr gesetzt als durch ein blos Mögliches; denn dieses geht auch auf absolute Position der Sache selbst."[1]) In dieser Anschauung liegt eine Emanzipation von einem der gewaltigsten philosophischen Vorurteile damaliger Zeit, durch deren Consequenzen die ganze bestehende Metaphysik unmöglich gemacht wird. In der Kritik der reinen Vernunft[2]) erscheinen Möglichkeit und Wirklichkeit neben der Notwendigkeit als spezifische Formen der Modalität der Urteile, und beziehen sich nicht mehr auf den Inhalt der letzteren, sondern auf das Denken überhaupt. Auch in der vorliegenden Periode dürfen wir sie vielleicht schon als Beurteilungsprinzipien von Operationen resp. Funktionen der Sinne ansehen. Ein Grund, warum diese Einsicht sich so spät in der Philosophie Bahn brach, liegt in der mangelnden Unterscheidung zwischen begrifflichem und konkretem Sein, über dessen Identität eine Folgerung unstatthaft ist.[3]

---

[1]) Kants Werke I. pag. 176.

[2]) Kant: Kritik der reinen Vernunft pag. 92.

[3]) Vgl. hiezu: Mendelsohn: Über die Evidenz u. s. w. (Original-Ausgabe) pag. 35. „Das Dasein eines .... Dinges gehört nicht zu seiner inneren Möglichkeit, nicht zu seinem Wesen, auch nicht zu seinen Eigenschaften (— also kein Prädikat —) und ist daher eine blosse Zufälligkeit, (modus) deren Wirklichkeit nicht anders, als durch eine andere Wirklichkeit begriffen werden kann. Denn eine Zufälligkeit ist eine Bestimmung, die aus der blossen Möglichkeit weder folgt, noch begriffen werden kann." u. s. w.

Mathematische und rein logische Gedankenbeziehungen sind unabhängig von ihrer Realisierung, oder gewissermassen Parallelisierung in der Aussenwelt. Reden wir von der Möglichkeit oder Unmöglichkeit eines Dinges, so geben wir ein Urteil auf der Basis unserer bisherigen Erfahrungen. Also erst in Beziehung auf die Erfahrungswirklichkeit können wir die beiden Begriffe auf unsere Gedankenbewegung anwenden; im Denken als solchem ist Alles möglich d. h. einfach: thatsächlich. Im Denken giebt es keine Geltungsbeschränkung: erst durch den Übergang in den Kreis der äusseren Erfahrung, durch die Umwandlung des Begriffs in das Ding tritt diese Schranke auf. Die Thatsache des Rekurses auf die Erfahrung wurde, wie oben schon erwähnt, von Kant durchaus nicht unterschätzt oder gar übersehen. Dass überhaupt Etwas innerlich möglich ist, setzt irgend ein Dasein voraus d. h. gedankliche Beziehungen auf ein Etwas sind nur denkbar, wenn es Etwas ausser meinem Denken giebt, wodurch ich jenes Verhältnis als ein mögliches beurteilen kann.[1]) Es liegt hierin einfach die Forderung der Verefikation durch Erfahrung, ähnlich dem Postulate Humes, für jeden Begriff den Eindruck anzugeben, von welchem derselbe abgeleitet ist.[2]) Die gegenteilige Forderung spricht Wolf aus, denn er erblickt das Bestreben der Philosophie darin, „die verworrene historische Erkenntnis in eine begriffliche aufzuklären, das trübe Faktum in den durchsichtigen Begriff zu verwandeln."[3])

---

[1]) Vgl. Träume eines Geistersehers. Kants Werke VII. pag. 104. „Da die Vernunftgründe .... weder zur Erfindung, noch zur Bestätigung der Möglichkeit oder Unmöglichkeit von der mindesten Erheblichkeit sind, so kann man nur den Erfahrungen das Recht der Entscheidung einräumen."
[2]) Riehl l. c. II.² pag. 100).
[3]) Jb. I. pag. 166.

Der Beweisgrund zum Dasein Gottes nun, resp. zu einer Demonstration des Daseins Gottes[1]) in der Schrift von 1763, „ist lediglich darauf erbaut, weil etwas möglich ist"[2]) und daher wird er aus rein logischen Gesichtspunkten nach dem Identitätsprinzip geführt.[3]) Es wird nachgewiesen, dass sowohl der physikotheologische, als auch der kosmologische Beweis in letzter Instanz sich auf den ontologischen zurückführen lassen, — eine Ansicht, die auch noch in der Kritik der reinen Vernunft besteht,[4]) wenn auch dort die Unmöglichkeit eines jeden Beweises dargelegt wird, da die Vernunft „vergeblich ihre Flügel ausspanne, um über die Sinnenwelt durch die blosse Macht der Spekulation hinauszukommen." Kant unternimmt die Behandlung des Problems von der negativen Seite aus, indem er zeigt, dass wenn ich nichts Wirkliches voraussetze, ich auch von keinem Möglichen etwas aussagen kann. Allein wie alle Beweise für die Existenz eines Übersinnlichen, so scheitert auch der Kantische Versuch von 1763 an der Thatsache, dass keine rein begrifflichen Urteile, und wenn sie auch nicht das geringste logische Gesetz vorbeigegangen sind, uns jemals von etwas wirklich Existierendem überzeugen, oder eine Schlussfolgerung auf ein solches zulassen können. Dieselbe Ansicht äussert Kant selbst drei Jahre später in den „Träumen eines Geisterschers."[5]) Dort heisst es wörtlich: „Alle solche Urteile, wie diejenigen, von der Art, wie meine Seele .... mit anderen Wesen ihrer Art .... im Verhältnis steht, kön-

---

[1]) Kants Werke I. pag. 164.
[2]) Jb. I. pag. 195.
[3]) Jb. I. pag. 195 — „es ist keine andere Ableitung einer Folge aus einem Begriff des Möglichen, als durch die logische Auflösung."
[4]) Kritik der reinen Vernunft pag. 462 und 467.
[5]) Kants Werke VII. pag. 103 u f.

nen niemals etwas mehr als Erdichtungen sein, und zwar bei Weitem nicht einmal von demjenigen Werte, als die in der Naturwissenschaft, welche man Hypothesen nennt, bei welchen man keine Grundsätze ersinnt, sondern diejenigen, welche man **durch Erfahrung schon kennt**, nur auf eine den Erscheinungen angemessene Art verbindet, und **deren Möglichkeit** sich also jederzeit **muss können beweisen lassen**; dagegen im ersten Falle selbst neue Fundamentalverhältnisse von **Ursache und Wirkung** angenommen werden, in welchen man **niemals den mindesten Begriff ihrer Möglichkeit** haben kann und also nur schöpferisch oder chimärisch dichtet." Auch im „Beweisgrund" wird darauf hingewiesen,[1]) dass wir uns nach der Erfahrung zu richten haben, denn „wir können nicht auf mehr oder grössere Eigenschaften in der Ursache schliessen, als wir gerade nötig finden, um den Grad und die Beschaffenheit der Wirkungen daraus zu verstehen."

Schon 1763 also konnte sich daher **Kant** nicht über die Tragweite seines Gottesbeweises täuschen,[2]) schliesst er doch die ganze Abhandlung mit den vielbedeutenden, herrlichen Worten, die ein Wolf nie über die Lippen gebracht hätte: „**Es ist durchaus nötig, dass man sich vom Dasein Gottes überzeuge, es ist aber nicht ebenso nötig, dass man es demonstriere**".[3]) Die Sicherstellung dieser Überzeugung bildet das Endziel und das

---

[1]) Vgl. Kants Werke I. pag. 283.

[2]) Thiele (l. c. I.² 191) scheint diese Ansicht zu bestätigen, indem er sagt: es „kann dem Beweisgrund eine gewisse Unsicherheit, wenigstens hinsichtlich des von Kant selbst gelieferten ontologischen Argumentes nicht abgesprochen werden."

[3]) In den „nachgelassenen Fragmenten" (Kants Werke XI. pag. 269) heisst es: „**Das Dasein der Gottheit ist nicht bewiesen, sondern es wird postuliert**."

positive Resultat der späteren Vernunftkritik, — der Lebensarbeit des Philosophen.

Schon im Beweisgrund giebt es also für Kant neben der mathematischen auch eine moralische Gewissheit, und er beruft sich auf die „Gewalt der Überzeugung", die darum, „weil sie so sinnlich ist, auch so gesetzt und unerschütterlich ist, dass sie keine Gefahr von Schlussreden und Unterscheidungen besorgt und sich weit über die Macht spitzfindiger Einwürfe wegsetzt."[1])

Diese „Augenscheinlichkeit der Überzeugung" war es auch zum grossen Teil, die Kant im Jahre 1763 dazu bewog, den „Versuch, den Begriff der negativen Grössen in die Weltweisheit einzuführen," zu schreiben. Es handelte sich einerseits darum, zu zeigen, was trotz der verschiedenen Methoden beider Wissenschaften dennoch aus der Mathematik in die Metaphysik herübergenommen werden dürfe, andererseits diese durch einen wertvollen Begriff jener zu bereichern. Eine Neuerung und zugleich ein bedeutender Fortschritt liegt in der Trennung der logischen von der realen Entgegensetzung, denn bisher hatte man einzig und allein sein Augenmerk auf die erstere gerichtet.

Kant nun bannt das Realverhältnis in die Form der Urteile und fasst die Bewegkräfte eines Körpers als Prädikate desselben auf. „Die Realrepugnanz beruht auf einer Beziehung zweier Prädikate ebendesselben Dinges gegen einander".[2])

Diese Bezeichnung scheint uns nur zulässig, entweder im Hinblick auf das enge Zusammentreten des realen Verhältnisses mit der logischen Repugnanz bei Kant, oder weil eine jede Erkenntnis eines

---

[1]) Kants Werke I. pag. 229.
[2]) Kants Werke I. pag. 122.

Reales nur in der Form von Urteilen denkbar ist. Weiterhin wird gewissermassen auch von Folgen der Prädikate gesprochen, indem es heisst:[1]) Es müssen in der „Realentgegensetzung die Prädikate alle beide positiv sein, doch so, dass in der Verknüpfung sich die Folgen in demselben Subjekte gegenseitig aufheben." Leicht irreleitend sind hier die Ausdrücke „Verknüpfung" und „Folgen". Unzweifelhaft schwebte dem Denker das spezielle Beispiel einer gegenseitigen Kräfteeinwirkung vor; eliminieren wir den Fehlerwert, der dadurch in das allgemeine Gesetz gekommen, so wird Kants Ansicht deutlicher werden. Das Beispiel, dass die Ruhe in einem Körper ein Doppeltes sein kann: nämlich entweder eine Beraubung (privatio), oder ein Mangel (defectus), belehrt uns über das Wesen des Begriffs: „Folge." Im ersteren Falle wirken zwei bewegende (lebendige) Kräfte von gleicher Beschaffenheit und Intensität in entgegengesetzter Richtung auf den Körper, und im Hinblick auf diese Bewegungsantriebe erscheint Kant die Ruhe als eine Folge; im letzteren Falle, wobei die Verneinung nicht aus dieser Art von Repugnanz[2]) entspringt, giebt es keine Folge (= veränderter Zustand), da ja hierzu „kein positiver Grund, sondern nur der Mangel desselben" erfordert wird. Aber trotzdem scheint auch in diesem Falle eine Repugnanz zu bestehen, wenn es auch nicht „diese Art" ist, die an erster Stelle erwähnt wurde. Hier setzt auch Thieles Kritik ein,[3]) welche die mangelnde Unterscheidung zwischen Entgegengesetztem an sich selbst und der Realrepugnanz rügt. Dass zwischen schwarz und weiss, ebenso wie

---

[1]) Kants Werke I. pag. 127.
[2]) Man beachte das Unsichere und Unbestimmte obiger Ausdrucksweise.
[3]) Thiele l. c. I.¹ pag. 196.

zwischen den Complementärfarben, ein qualitativer Übergang möglich ist, wusste Kant sicher auch, aber er zählte diese Contrastempfindungen nicht zu den „Gegensätzen", ebenso wenig wie die Richtungsunterschiede der positiven und negativen Abszissenaxe, die stets nur für einen bestimmten Standpunkt und in gewisser Hinsicht bestehen und gelten. Dem naturwissenschaftlich denkenden Philosophen war „entgegengesetzt" nur das „Entgegenwirkende", (seien es materielle Bewegungsantriebe, oder ethische Motive), nicht schon die entgegengesetzten Richtungen an sich, und darum war es ganz consequent, wenn er sagte: „Einander entgegengesetzt ist: wovon Eines dasjenige aufhebt, was durch das Andere gesetzt wird."[1])

Die Übertragung dieser Verhältnisse auf das psychologische Gebiet freilich trägt eher zur Unklarheit als zur Verdeutlichung bei. „Der Mangel der Lust sowohl als der Unlust, in so ferne er aus dem Mangel der Gründe hierzu herzuleiten ist, heisst Gleichgültigkeit (indifferentia) .... in so ferne er eine Folge aus der Realopposition gleicher Gründe abhängt, heisst das Gleichgewicht (aequilibrium): beides ist Zero, das erstere aber eine Verneinung schlechthin, das zweite eine Beraubung."[2]) Eine Entscheidung, ob die Ruhe eines Körpers nun auf die eine oder die andere Art zustande kommt, hängt also lediglich davon ab, ob wir Gründe finden können, welche dieselbe als eine privatio erscheinen lassen. „Wie soll ich es aber verstehen, dass, weil etwas ist, etwas anderes sei?" Die logische Beziehung zwischen Grund und Folge ist leicht einzusehen nach dem Prinzip der Identität, denn „eine logische Folge wird eigentlich nur darum gesetzt, weil sie einerlei ist mit dem

---

[1]) Kants Werke I. pag. 121.
[2]) Kants Werke I. pag. 132 u. f.

Grunde." Eine Erklärung und Erkenntnis der Realentgegensetzung dagegen und ebenso des Realgrundes hält Kant für unmöglich und kommt durch Nachdenken zu dem Resultate, „dass die Beziehung eines Realgrundes auf etwas, das dadurch gesetzt oder aufgehoben wird, gar nicht durch ein Urteil, sondern blos durch einen Begriff könne ausgedrückt werden."[1]

Diese Begriffe der Realgründe nun sind schlechthin einfache und unauflösliche, eine unbedingte Schranke unserer Erkenntnis. Den endgültigen Nachweis über diese Schranke hat die Kritik der reinen Vernunft geliefert. Wichtig scheint vor Allem die Behauptung Kants, dass durch den Satz des Widerspruchs, — also auf logischem Wege — eine Erkenntnis unmöglich sei, wie „darum, weil etwas ist, etwas Anderes aufgehoben werde" —, und zwar deshalb, weil das Causalverhältnis nicht durch ein Urteil, sondern nur durch einen Begriff ausgedrückt werden kann. Wir erinnern uns aber, dass es als Aufgabe der Philosophie bezeichnet wurde, Begriffe aufzulösen durch die Funktion des Urteilens, bis wir auf letzte, einfache Thatsachen kommen, welche den Inhalt von unauflöslichen Begriffen bilden, welch letztere jedoch „nur auf der inneren Thätigkeit unseres Geistes als auf ihrem Grunde beruhen." Das Causalprinzip erscheint hier als ein Grundverhältnis, das durch Erfahrung nicht deutlich gemacht werden kann, also schlechthin unauflöslich bleiben muss. „In den Verhältnissen der Ursache und Wirkung .... dient anfänglich die Philosophie dazu, die verwickelten Erscheinungen aufzulösen und solche auf einfachere Vorstellungen zu bringen. Ist man aber endlich zu den Grundverhältnissen gelangt, so hat das Geschäft der Philosophie ein Ende, und: wie

---

[1] Kants Werke I. pag. 160.

etwas könne eine Ursache sein oder eine Kraft haben, ist unmöglich, jemals durch Vernunft einzusehen, sondern diese Verhältnisse müssen lediglich aus der Erfahrung genommen werden".[1]

Wie sehr hier Kant mit der Hume'schen Argumentation, — wenn auch unabhängig davon —, zusammentrifft, braucht nicht näher ausgeführt zu werden. Wir wenden uns noch zu einer kurzen Betrachtung des Raumproblems als einer erkenntnistheoretischen Frage, wobei schon vorausgeschickt werden soll, dass eine ausreichende Lösung desselben in der vorliegenden Schriftengruppe nicht zu finden ist. Vom Newton'schen, absoluten Raume sind die Körperräume unterschieden, jedoch hat die Trennung beider im Geiste Kants sich noch nicht zu völliger Klarheit durchgerungen. In der „Allgemeinen Naturgeschichte und Theorie des Himmels" heisst es noch,[2] dass die Coexistenz den Raum macht: — der unendliche Raum entsteht demnach aus der beständigen Setzung coexistierender Massen ins Unendliche: — oder durch die äussere Wirkung von Materienelementen in andere.[3] In der früheren Schrift:„ Gedanken von der wahren Schätzung der lebendigen Kräfte"[4] wird die Kraft der Substanzen als Produzent des Raumes bezeichnet. Überall tritt die physikalische Auffassungsweise in den Vordergrund, aber dennoch finden sich schwankende Bestimmungen verschiedenster Art, besonders in Bezug auf die Erfüllung und Unendlichkeit des Raumes. So heisst es — um nur einige Beispiele anzuführen —: „der Himmelsraum ist anjetzt leer"[5] und

---

[1] Kants Werke VII¹) pag. 102 und 103.
[2] Kants Werke VI. pag. 154.
[3] Träume eines Geistersehers.
[4] Vgl. Kants Werke V. pag. 25.
[5] Kants Werke I. pag. 260.

darauf „oder unendlich dünne,"¹) wozu eine Anmerkung beizuziehen ist:²) „Ich untersuche hier nicht, ob dieser Raum in dem allereigentlichsten Verstande könne leer genannt werden. Denn allhier ist genug, zu bemerken, dass alle Materie, die etwa in diesem Raume anzutreffen sein möchte, viel zu unvermögend sei, als dass sie in Ansehung der bewegten Massen … einige Wirkung verüben könnte." Hieraus erhellt, dass eine falsche Vorstellung des Kraftbegriffes, von der Kant sich nicht frei zu machen wusste, diese unbestimmte Anschauung der Raumerfüllung verschuldete. Der Weltenraum ist anjetzt leer, in demselben rotieren die Planeten in gegenseitiger Kräftebeziehung: da jedoch Kräfte an Materie gebunden sein müssen, so muss jener Raum früher erfüllt gewesen sein. Dies ist der Schluss Kants auf sein einfaches und durchsichtiges Schema zurückgeführt. Alle Unzulänglichkeiten, die darin hervortreten, resultieren aus der unberechtigten Annahme, dass die zum Schluss verwendeten Prämissen erwiesene Existenzialurteile sind.

Auch der Begriff der Unendlichkeit des Raumes, — ein notwendiges Postulat bei der Kant'schen Idee der Materienerfüllung, — tritt in keiner klaren Fassung auf. Selbst jene Newton'schen Anschauung, die den Raum als „unendlichen Umfang der göttlichen Gegenwart" bezeichnet, finden wir noch in der „Allgemeinen Naturgeschichte und Theorie des Himmels" reproduziert.³) Hier sind zwei Elemente mit dem Begriff des Unendlichen verknüpft, die ihm nicht angehören: ein begrifflich beschränkendes und ein räumliches. Auch die in dem eben erwähnten Werke gegebene Definition: „Alles

---

¹) Kants Werke I. pag. 263.
²) Kants Werke VI. pag. 91.
³) Kants Werke VI. pag. 151.

was endlich, was seine Schranken und ein bestimmtes Verhältnis zur Einheit hat, ist von dem Unendlichen gleich weit entfernt" sagt, wenn man unter dem „Unendlichen" nicht Gott verstehen will, nichts aus, und muss in die begriffliche Gleichung: unendlich = unendlich aufgelöst werden. Eine Anmerkung[1]) klärt uns einigermassen auf. Nur dem göttlichen Verstande, heisst es dort, steht der Begriff des Unendlichen auf einmal da — als reiner Begriff, — und er realisiert ihn im Raum und macht dadurch den Umfang der Welt ohne Grenzen.

Eine befriedigende Behandlung fand das Raumproblem erst in dem Schriftchen: „Vom ersten Grunde des Unterschiedes der Gegenden im Raume" aus dem Jahre 1768, das aber schon auf der Schwelle der kritischen Lehre steht und daher aus dem Rahmen unseres Berichtes fällt.[2]) Wie gross der Schritt aber sein musste, der von diesen Anschauungen zu der transscendentalen Ästhetik mit ihrem vielumstrittenen Idealismus hinüberführte, ist aus obigen kurzen Andeutungen leicht ersichtlich.

Wenn wir nun die hier entwickelten Gedanken im Ganzen überblicken, so muss zugestanden werden, dass in ihnen überall eine antidogmatische Gesinnung zutage tritt, und in diesem Sinne wurde die vorliegende Periode der Kant'schen Entwicklung von den verschiedenen Interpreten und Historikern auch stets aufgefasst, nur mit verschiedenen Namen belegt. Rosenkranz spricht von einer: „Heuristischen Periode" — eine Bezeichnung, die auch von J. E. Erdmann in seiner Geschichte

---

[1]) Vgl. Kants Werke VI. pag. 155.
[2]) Vgl. hiezu: Riehl l. c. I. pag. 238, 258 u. ff.; ebenso Kants Werke V. pag. 301: „Der absolute Raum ist kein Gegenstand einer äusseren Empfindung, sondern ein Grundbegriff, der alle dieselbe zuerst möglich macht.

der neuern Philosophie acceptiert wurde. Benno Erdmann versucht eine Charakterisierung der vorliegenden Schriftengruppe unter der Bezeichnung: „Kritischer Empirismus," im Gegensatz zu dem späteren „Kritischen Realismus". Jedoch ist der Rosenkranz'sche Begriff, obwohl zutreffend, doch etwas unbestimmt, und bei dem Erdmann'schen erscheint das Wort „kritisch" in zweierlei Bedeutung und dürfte daher des genauern Verständnisses wegen im ersten Falle besser vermieden werden. Kritisch ist Kant von der ersten Zeile seiner ersten Schrift an, kritisch ist die Grundrichtung seines scharfen und durchdringenden Geistes: aber jene klassische Bedeutung des Wortes „kritisch" beschränkt seine Anwendung auf die Zeit nach 1769 oder 1770.[1] Daher ist die von Riehl vorgeschlagene Bezeichnung: „Rationaler Empirismus" entschieden vorzuziehen. Kant ergänzt den Rationalismus durch den Empirismus: — er durchsetzt ihn mit empiristischen Elementen, die aber nicht auf englischem Boden entsprossen sind,[2] sondern unmittelbare Denkprodukte des in naturwissenschaftlicher Gedankenbewegung geübten Philosophen darstellen. Die Beschäftigung Kants mit naturwissenschaftlichen Problemen und speziell mit der bedeutenden Newton'schen Lehre liegt völlig ausserhalb des rationalistischen Gedankenkreises. Der wahrhaft rationalistische Denker bewegt sich in einem so abgeschlossenen Ganzen, dass ihm jede Anregung dazu fehlt, prüfend in eine andere Gedankenwelt einzudringen. Daher ist der erste Schritt Kants, der ihn auf naturwissenschaftlichen Boden führte, im

---

[1] Vgl. Erdmann: Reflexionen Kants II. pag. 4, Nr. 4: „Das Jahr 69 gab mir grosses Licht."

[2] Vgl. Thiele l. c. I². pag. 201: „Einen Einfluss von Hume freilich werden wir noch weniger (— als von Krusius —) annehmen dürfen." Vgl. übrigens auch pag. 45 u. f. vorliegender Abhandlung.

Prinzip schon als eine Stellungnahme gegen den einseitigen oder dogmatischen Rationalismus, dessen Resultate ihn nicht befriedigten, anzusehen. Er suchte eine Auskunft in der Naturwissenschaft und er fand sie, wie seine eigenen Leistungen und die zahlreichen Hinweise auf **Newton** und dessen Verfahren beweisen. In einigen Punkten mag auch eine Einwirkung der deutschen Popularphilosophie nachzuweisen sein.

Die direkte Abhängigkeit von **Wolf** und seiner Schule ist nach dem Jahre 1762 nur noch eine historisch bedingte, aber durchaus keine innere mehr,[1] so dass **Kant** nicht zögert, öffentlich dem Wolf'schen Beweis für die Existenz Gottes alle Wahrheit abzusprechen, obwohl er wissen musste, dadurch jene philosopische Schule in ihrem empfindlichsten Teile getroffen zu haben.[2] Auch die ganze Methode der Wolf'schen Philosophie wird in einem Briefe an **Lambert** vom 1765[3]) als eine verkehrte und unachtsame gekennzeichnet,[4] und in den Träumen eines Geisterschers figuriert der berühmte Metaphysiker neben **Krusius** als „Träumer," der die

---

[1]) Damit soll nicht geleugnet werden, dass die Kritik der reinen Vernunft und die ihr in der methodischen Anlage nachgebildeten Werke in **formeller, technischer Hinsicht** sich an Wolf anlehen.

[2]) Vgl. Kants Werke I. pag. 280 und XII. pag. 45.

[3]) Kants Werke I. pag. 347.

[4] Vgl. auch Kants Werke I. pag. 176 und 285, wo Wolfs Name nicht genannt wird, in Folge dessen die Ausdrücke, die ihn betreffen, an Derbheit nichts zu wünschen übrig lassen. Die erste Äusserung gegen die Wolf'sche Schule findet sich schon im Jahre 1755, speziell gerichtet gegen die Behauptung, dass die einfache Substanz vermöge eines inneren Prinzips der Thätigkeit fortwährender Veränderungen unterliegt: „Equidem ipsorum (qui Philosophiae Wolfianae nomen dant) argumenta probe novi, **sed quam ficulnea sint**, haud minus mihi persuasum est." (Kants Werke I. pag. 37.)

Ordnung der Dinge „aus wenig Bauzeug der Erfahrung, aber mehr erschlichenen Begriffen gezimmert."[1]) Diese Charakteristik des Gegners schliesst von selbst eine Kennzeichnung der eigenen Methode und Denkart ein. Hier kann also von einer Beeinflussung durch Wolf keine Rede mehr sein, um so mehr sind daher einige Historiker geneigt, eine Abhängigkeit vom Empirismus Humes[2]) zu erwarten. Es muss aber auffallen, dass Humes Name meist in Verbindung mit Hutcheson und Shaftesbary[3]) auftritt, und dass überhaupt nur seine ethischen Leistungen, resp. „unvollendeten, mangelhaften Versuche," auf moralischen Gebiete erwähnt werden,[4]) während auf die eigentliche philosophische That Humes noch nirgends — selbst an inhaltlich verwandten Stellen nicht — Bezug genommen wird. Die humesche Frage lautet: Worauf gründet sich die Erfahrung selbst? — dasselbe Problem, auf das Kant in der Einleitung der „Prolegomena, zu einer jeden künftigen Metaphysik" anspielt.[5]) Darum war auch dort erst die richtige Stelle, Hume als den Wecker aus dem dogmatischen Schlummer zu bezeichen, nachdem sich Kant selbst der Bedeutsamkeit jener Grundfrage bewusst geworden war.

---

[1]) Vgl. Kants Werke VII pag. 65 u. f.
[2]) Dass von einem Skeptizismus Humes nicht geredet werden darf, hat Riehl (l. c. I. 64) endgültig nachgewiesen.
[3]) Vgl. Kants Werke I. pag. 297 und IV. pag. 458.
[4]) Vgl. Riehl: l. c. l. pag. 150. Vgl. ausserdem die soeben (im Archiv für Geschichte der Philosophie, Band I. Heft 1 pag. 62—77) erschienene Abhandlung von B. Erdmann: „Kant und Hume um 1762", welche die obige Ansicht bestätigt und ausführlich beweisst.
[5]) Vgl. auch Kants Werke III. pag. 57: „Wir werden es hier blos mit der Erfahrung und den allgemeinen und a priori gegebenen Bedingungen ihrer Möglichkeit zu thun haben, und daraus die Natur, als den ganzen Gegenstand aller möglichen Erfahrung, bestimmen."

Er acceptirte den Grundsatz des Engländers, „den Gebrauch der Vernunft nicht über das Feld aller möglichen Erfahrung hinauszutreiben," wie er in den „Prolegomena" selbst gesteht,[1]) — und dies kann jedenfalls erst nach 1766 geschehen sein,[2]) da in den behandelten Schriften sich trotz der Betonung der Erfahrungserkenntnis immer noch Versuche finden — besonders in den höheren Fragen der Metaphysik — durch Vernunft zu einer transcendenten Erkenntnis zu gelangen. Was Kant in den Prolegomena[3]) an Humes Überlegung tadelt, „dass er sich seine Aufgabe nicht im Ganzen vorstellte," das durfte er vor 1766 auch nicht für sich in Anspruch nehmen,[4]) und gerade darum wird man gut thun, „die Erinnerung des David Hume ... vor vielen Jahren" nicht weiter, als höchstens anderthalb Jahrzehnt zurück anzusetzen.

Eine selbständige, antirationalistische und antinomische Gedankenbewegung hatte Kant zu der Überzeugung geführt, dass unauflösliche Begriffe den Grundstock unserer Erkenntnisse bilden und dass wir über gewisse einfache Thatsachen nicht hinauskommen können. Soweit war er in der That durch eigenes Denken fortgeschritten,[5]) als Hume in die Weiterentwicklung

---

[1]) Kants Werke III. pag. 136.
[2]) Erdmann schiebt den Einfluss Humes bis 1772 hinaus, wofür er sich wesentlich auf Reflexion 3 (Kants Reflexionen II. pag. 3 u. f.) stützt. Vgl. auch pag. 45 Anm. 3 dieser Abhandlung.
[3]) Kants Werke III. pag. 9 und 30.
[4]) Die Verbesserungen, die Kant schon frühe an der Metaphysik unternahm, waren, wie wir gesehen haben, methodologischer Natur. Vgl. hiezu den Briefwechsel mit Lambert. Kants Werke I. pag. 343—370.
[5]) Vgl. Erdmann: Reflexionen Kants II. pag. XV.: „Die entscheidenden Bedingungen für die Entwicklung zum Kriticismus liegen nicht sowohl in den von aussen an Kant herantre-

seiner Gedanken eingriff und ihn durch die auf dem natürlichen Boden des Empirismus entsprossenen Ideen zu weiterem Forschen anregte. Aber dieser Anstoss[1]) war doch von weit geringerer Bedeutung für die Entstehung der späteren Kritik, als jene selbständigen, ganz ernstlichen Versuche, „Sätze zu beweisen und ihr Gegenteil, nicht um eine Zweifellehre zu errichten," sondern weil Kant „eine Illusion des Verstandes vermuthete, zu beweisen, worin sie stäcke."[2]) Die „Antinomien" also gaben den intensivsten und direktesten Anstoss zur Kritik der reinen Vernunft, wie es unwidersprechlich aus Kants Brief an Garve vom 21. September 1798 hervorgeht. Und im Besondern ist es die kosmologische Idee, welche früh auf das Kantische Denken Einfluss gewonnen, (— weshalb wir sie ausführlicher erwähnt haben —), welche auch „am kräftigsten wirkt, die Philosophie aus ihrem dogmatischen Schlummer zu erwecken, und sie zu dem schweren Geschäfte der Kritik der Vernunft selbst zu bewegen."[3])

---

tenden Vorstellungsmassen, als vielmehr in den selbsteigenen Problemstellungen des Philosophen" (ebenso l. c. pag. XX.)

[1]) Nur ein Anstoss: vgl. Kants Werke VII. pag. 87 u. f. „Man ist auf diese Art bald auf einem Warum, worauf keine Antwort gegeben werden kann." Vgl. auch III. pag. 9: „Ich war weit entfernt, ihm (Hume) in Ansehung seiner Folgerungen Gehör zu geben" u. s. w.

[2]) Vgl. Erdmann l. c. II. Nr. 1; und die überzeugende Erörterung in der Einleitung (pag. XXIV.—XXXVII). Ausserdem Riehl l. c. I. 273 und II.² 284. Anm.

[3]) Vgl. Kants Werke III. pag. 108.

III. Ethisch-aesthetische Fragen.

Zur Vervollständigung unseres kurzen Berichtes über die Gesamtanschauungen Kants in den Jahren 1762—1766 soll hier noch der ethisch-ästhetischen Gesichtspunkte gedacht werden, die, teils in ausschliesslich derartigen Gegenständen gewidmeten Schriften, teils als gelegentliche Andeutungen und Bemerkungen in andern Abhandlungen zutage treten. Auch auf diesem Gebiete war für Kant die Beschäftigung mit den Naturwissenschaften, die ihn immer den einen Weg der Erfahrung gehen lehrten, von eminentem Einfluss gewesen, so dass Rousseau — ähnlich wie Hume — schon die Wege geebnet fand, als er in die Gedankenwelt Kants eintrat.[1]) Während jedoch der „scharfsinnige Schweizer" mehr das Grundproblem der Gesellschaft als solcher zu erforschen suchte, fasste Kant dieselbe Idee tiefer, indem er die Frage zu beantworten strebte, wie mit der Entwicklung des Geisteslebens des Menschen eine praktische Glückseligkeit vereinbar sei. Ein Zurückgehen auf den Naturzustand verlangte auch

---

[2]) Vgl. zu dem Folgenden die Geständnisse Kants aus den Jahren 1788—1798 in den „Fragmenten aus dem Nachlass" (Kants Werke XI. 215—277), die in beredter Weise von der tiefen Einwirkung Rousseaus Zeugnis ablegen.

Rousseau nicht, sondern lediglich, dass der Mensch „von der Stufe, auf der er jetzt steht, dahin zurücksehen sollte."[1]) Allerdings ist jener Mensch im Zustand der Natur ein beneidenswert glücklicher, denn er „kann nur wenig Thorheiten und schwerlich einiger Narrheit unterworfen sein. Seine Bedürfnisse halten ihn jederzeit nahe an der Erfahrung, und geben seinem Verstande eine so leichte Beschäftigung, dass er kaum bemerkt, er habe zu seinen Handlungen Verstand nötig." Das Gegenstück dazu bilden die gegenwärtige Zustände: und wir dürfen diese und ähnliche Worte, die sich des Öfteren sowohl im „Versuch über die Krankheiten des Kopfes," als auch in den „Beobachtungen über das Gefühl des Schönen und Erhabenen" finden, als direkter Ausdruck der damals sehr ausgiebigen Geselligkeits-Erfahrungen Kants betrachten. Ein System, oder selbst nur Grundzüge eines solchen, wird man von diesen empirischen Studien nicht erwarten dürfen, denn sie sind rein auf Beobachtung beruhend, — nicht schulgemäss, sondern „naturgemäss" — und ihrer Form nach aphoristisch.

In der „Nachricht von der Einrichtung seiner Vorlesungen von 1765 auf 1766" verspricht Kant die Methode der sittlichen Untersuchung deutlich zu machen, „nach welcher man den Menschen studieren muss, nicht allein denjenigen, der durch die veränderliche Gestalt, welche ihm sein zufälliger Zustand eindrückt, entstellt, und als ein solcher selbst von Philosophen fast jederzeit verkannt worden; sondern die Natur des Menschen ..., damit man wisse ..., was die Vorschrift seines Verhaltens sei."[2]) Auch hier ist nur von einer Methode des Studiums, nicht einer Wissenschaft die

---

[1]) Vgl. Kants Werke VII.² pag. 268.
[2]) Vgl. Kants Werke I. pag. 297.

Rede, und doch klingt es wie das Versprechen einer neuen Ethik auf der Grundlage der natürlichen Fähigkeiten des Menschen, weil die Philosophen bis jetzt fast jederzeit von falschem Gesichtspunkte aus, nämlich von dem veränderten Zustand des Menschen ausgegangen waren. In der That hören wir: „In der bürgerlichen Verfassung finden sich eigentlich die Gährungsmittel zu allem diesem Verderben (Krankheiten des Kopfes), die, wenn sie es gleich nicht hervorbringen, gleichwohl es zu unterhalten und zu vergrössern dienen.[1])

Es sind die natürlichen Triebe der menschlichen Natur, welche den Willen in Bewegung setzen, und dem Verstande bleibt nur die Funktion, „sowohl das ganze Facit der Befriedigung aller Neigungen insgesamt aus dem vorgestellten Zwecke zu schätzen, als auch die Mittel zu diesem auszufinden."[2]) Der Begriff des Guten wird analysiert vom Verstand, aber sein Geschäft hat eine Schranke an der einfachen Empfindung des Guten. „Wahre Tugend kann nur auf Grundsätze gepfropft werden, welche, je allgemeiner sie sind, desto erhabener und edler wird. Diese Grundsätze sind nicht spekulative Regeln, sondern das Bewusstsein eines Gefühls, das in jedem menschlichen Busen lebt,"[3]) „jenes Sentiment," das ohne den Umschweif der Beweise, also vor den Vernunftgründen, Gut und Bös in der Handlung unterscheidet, und das Urteil über die sittliche Rechtmässigkeit fällt.[4]) Darum muss man bei der Aufstellung einer Tugendlehre auch jederzeit eher erwägen, was geschieht, ehe man anzeigt, was geschehen soll. Es ist der grosse Zweck der Natur zu gemeinnützigen

---

[1]) Kants Werke VII. pag. 28.
[2]) Kants Werke VII. pag. 17.
[3]) Kants Werke IV. pag. 412.
[4]) Vgl. Kants Werke I. pag. 296 u. f.

Handlungen anzutreiben und sie bedient sich zu diesem Ende der verschiedensten Motive; denn ihr kommt es nur auf die Erscheinung des Antriebes, — auf die „schöne Handlung" an. Der Mensch aber beurteilt auch das Motiv; und eine Handlung sie sei noch so schön, geschieht aber aus dem Motiv der Ehre, ist nicht im Mindesten tugendhaft. Die Selbständigkeit der Moral, ihre Unabhängigkeit von der ästhetischen Beurteilung ist nach Kant bei den verschiedenen Temperamenten, ja bei beiden Geschlechtern eine graduell unterschiedene. So soll dem sogenannten „schönen Geschlechte" die ethische Handlung ausschliesslich in ästhetischem Lichte erscheinen —, und es wird „das Böse vermieden, nicht weil es unrecht, sondern weil es hässlich ist". Eine gewisse Verwandtschaft zwischen ästhetischem und ethischem Empfinden lässt sich gewiss nicht bestreiten, aber eine Wertschätzung des letztern durch das erstere scheint doch unstatthaft, obwohl sich die Kalokagathie der Athener noch lange Zeit hindurch in mehr oder minder deutlichen Spuren in manchen philosophischen Systemen forterhalten hat. Seit dem Beginne unseres Jahrhunderts jedoch hat die Wissenschaft, — mit Ausnahme von Herbart —, dieses Erbstück billigerweise den Dichtern überlassen. Kant aber ist in seinen Anschauungen sicher unmittelbar beeinflusst von der englischen Moralphilosophie, und er behandelte, wie aus seiner „Nachricht von der Einrichtung der Vorlesungen in dem Winterhalbjahr von 1765—1766" hervorgeht, die Systeme eines Humes, Hutcheson und Shaftesbury auch in seinen Universitäts-Vorträgen.

Wenn der Mensch und besonders das weibliche Geschlecht sein Handeln nur von der ästhetischen Mitempfindung leiten lässt, so bleibt zum Mindesten zweifelhaft, ob dadurch die Handlung nicht an ihrer höheren

Bedeutung verliert. Auch die psychologische Frage drängt sich auf, ob ethisches und ästhetisches Empfinden gleichzeitig im Menschen entstanden ist, und sich Hand in Hand mit einander weiter entwickelt hat. Und ferner: ist überhaupt aus der ästhetischen Wertschätzung der Handlung eine Vertiefung und ein ethischer Fortschritt möglich? Diese Fragen erfordern eine selbstständige Untersuchung. Kant selbst aber hat zugestanden, dass der Mensch schon das Motiv, den Antrieb zur Handlung seiner Beurteilung unterzieht. Aesthetische Betrachtung ist aber nur dem Objekt, dem Produkt gegenüber möglich; das Motiv, die treibende Kraft oder die Vorstellung eines Wollens bleibt gänzlich davon ausgeschlossen. Gut und böse, – schön und hässlich sind nur analoge (im eigentlichsten Sinn des Wortes) Contrastempfindungen.

Die ganze Anschauung Kants in der vorliegenden Zeitperiode krankt nun an diesem Fehler, dass die ethische Handlung weder in ihrer Hervorbringung, noch in ihrer Beurteilung allein auf sich selbst gestellt, sondern einem fremden Prinzip unterworfen wird. Die Grundsätze wahrer Tugend sind nicht „spekulative Regeln, sondern das Gefühl von der Schönheit und Würde der menschlichen Natur."[1]) In diesen Worten ist Kants Lehrmeinung am besten und schärfsten charakterisiert, und wir brauchen nicht darauf hinzuweisen, wie sehr sie von dem kategorischen Moralbegriff der spätern Zeit, der in seinem toten Formalismus von der lebenswahren Moral nur noch die äussere Gestalt zur Geltung brachte, unterschieden ist. Hier decken sich die Handlungen des Menschen noch mit den „grossen Zwecken der Natur," und wenn man einmal den natürlichen Trieben eine falsche Richtung ge-

---

[1]) Kants Werke IV. pag. 112.

geben, dann „sucht sie doch jederzeit zu ihrer Ordnung zurückzuführen," und „es liegt niemals an ihr, wenn wir nicht mit einem guten Anstande erscheinen, sondern daran, dass man sie verkehren will."[1])
Das ist ein ausgesprochener Naturalismus, der durch seine gesunden Züge unsere Zuneigung verdient. Unter denselben fällt auch ein Gedanke, den wir noch kurz erwähnen müssen, weil er, — wenn auch noch poetisch gefasst und naturgemäss mit dem Fehler der ganzen Betrachtungsweise Kants behaftet, — in seinem Kerne eine bedeutsame, moderne Anschauung[2]) anticipiert. Auf dem natürlichen Fundament der physiologischen Geschlechtsvereinigung erhebt sich das sittliche Leben des Menschen; die Familie ist nicht blos die Summe der in sie eingehenden Individuen, sondern ein System, „eine moralische Person, welche durch den Verstand des Mannes und durch den Geschmack der Frau belebt und regiert wird."

Kant hat nach dem Entstehen der Kritik der reinen Vernunft allen diesen Vorarbeiten inbetreff der Metaphysik keinen oder nur ganz geringen Wert beigelegt, und gesteht selbst in den Prolegomena,[3]) „dass dadurch die Wissenschaft nicht im Mindesten weiter gebracht worden sei." Hierin liegt unseres Erachtens eine Aufforderung an die Forscher und Interpreten der vorkritischen Philosophie, sich nicht mit der philologischen Zerlegarbeit dieser Schriften müde zu machen, sondern, nachdem sie einmal durchforscht und in ihrem historischen Wert dargestellt sind, rüstig zur Kritik

---

[1]) Kants Werke IV. pag. 442 u. f.
[2]) Vgl. Riehl: l. c. II.² pag. 280.
[3]) Kants Werke III., pag. 146.

der reinen Vernunft fortzuschreiten. Und diese wiederum führt uns über sich selbst hinaus; denn der grosse Geist, der uns in ihr ein Vermächtnis hinterlassen, für das wir in der That „Ursache haben, dankbar zu sein,"[1]) begnügte sich mit dem bescheidenen Ruhme, das Feld der reinen Vernunft übermessen zu haben, „um es hernach zum künftigen Anbau und beliebigen Austeilung Andern zu überlassen."[2])

Nur im Ausbauen und Weiterschaffen forschen wir im Sinne Kants und im Geiste seiner unvergänglichen Kritik der reinen Vernunft!

---

[1]) Kants Werke III. pag. 164.
[2]) Kants Werke III. pag. 142 Anm.